Inhalt

[4]

Herstellung und Verlag:
© 2017
Herstellung und Verlag: BoD – Books on Demand,
Norderstedt.
ISBN: 9783744830478

<u>*Vorwort*</u>

Willkommen in der Welt des LARP.
Weißt du schon, was du darstellen möchtest?

Wir waren beide über viele Jahre Teil der LARP-Szene,
besuchten Events und veranstalteten eigene. Daher wissen
wir aus persönlichen Erfahrungen, was für einen Anfänger
bedeutsam ist. Ebenso kennen wir die andere Seite – die des
Veranstalters.

Wie wir als Menschen wuchsen unsere Charaktere, an
Entscheidungen und Erlebnissen. Sie entwickelten sich wie
Kinder. Bis heute hängen wir noch an ihnen. LARPer stecken
viel Herzblut in die Sache, in ihre Rollen und deren
Ausrüstung.

Zu unseren Anfangszeiten gab es weder LARP-Shops, keine
kaufbaren LARP-Artikel. Wir erzeugten unsere Kostüme von
Hand und, nutzten Accessoires aus verschiedensten
alltäglichen Gegenständen. Beispielsweise nahmen wir
Pullover, besprayten sie mit Silberlack und hatten ein
„fertiges Kettenhemd". Heute nimmt der Interessierte eher
das Geld in die Hand und kauft den gewünschten Artikel.

Hier gegebene Tipps beruhen vorrangig auf individuellen
Erfahrungen.

<u>Finde deinen eigenen Weg!</u>

Was ist LARP?

LARP steht für „live action role playing" oder kurz „Live-Rollenspiel".

Im LARP verkörpern Spieler eine Rolle/einen Charakter/eine Figur. Dabei kommen Schminke, Kleidung, Accessoires und Verhalten zum Einsatz. Veranstalter sorgen für eine passende Location, den Plot und den Hintergrund.

Im Gegensatz zu „Improvisationstheater" und „historischem Laientheater" entscheiden Spieler im LARP eigenständige Handlungen. Sie studieren keine Rollen ein und spielen diese nach.

Spieler finden sich live in Situationen. Kopfkino wie beim Tischrollenspiel P&P (Pen and Paper) reicht hier nicht aus!

LARP-Genre

Die verschiedensten Events lassen sich auf einige, überschaubare Genre aufteilen.

Fantasy
> beliebt und überwiegend vertreten
> Tolkien, Terry Pratchet, GoT und verschiedene
> Eigenentwicklungen, sowie Kampagnen

Horror

Cthulhu, Vampire – the Masquerade, Survival, ...

Sci-Fi

Endzeit, postapokalyptische Welten, Steampunk, Star
Trek, Star Wars, ...

Historisches

jegliche historische Epoche, ausgesprochen beliebt
sind Gaslicht, Barock und Mittelalter
unter Umständen kann hier mit Reenactment
kombiniert werden

Parallelwelten

Hier und jetzt mit fantastischen Elementen
von Vampire – the Masquerade bis Harry Potter ist
alles Erdenkliche spielbar

Einstieg in ein neues Hobby

Es sind unterschiedliche Gründe, wie jemand Interesse am
LARP finden und entwickeln kann.

- Freunde
- Zufall
- Interesse an einer Thematik
- Foren
- Geschichten

Dabei ist nicht das Warum ausschlaggebend, sondern ob es ein Hobby auf lange Zeit für dich werden kann.

Viele probieren es aus und stellen fest, es passt nicht zu ihnen. Für andere wird es ein Hobby fürs Leben. Sie finden einen Freundeskreis aus Gleichgesinnten.
Nachdem die erste Begeisterung abklingt, erkennst du, ob du weitermachen möchtest oder nicht!

> **Tipp:**
> *Investiere anfangs nicht zu viel. Du kannst jederzeit Outfit und Accessoire erweitern!*

Warum machen wir das?

Bei deinen Recherchen ist dir höchstwahrscheinlich Skepsis dem LARP gegenüber aufgefallen. Nach wie vor denken viele, LARPen sei gefährlich oder hätte einen schädlichen Einfluss auf Kinder und Jugendliche. Dabei ist es ein Hobby, das Menschen zusammenbringt und auf harmlose Weise Interaktion und verschiedenste Fähigkeiten üben und trainieren hilft.

Bewegung an der frischen Luft

Schule, Studium, Job und Hobbys finden längst meistens Indoor statt. Viele LARP sind an der frischen

Luft, oft auf Wiesen oder in Waldgebieten!
Zeit, um Sonne zu tanken!

Fördert soziale Interaktion und trainiert Fähigkeiten

Das Wort „Kommunikation" assoziieren heute viele mit Zeitverschwendung und negativen Aspekten. LARP lehrt positiv zu „kommunizieren" in einem oftmals fantastischen Umfeld. Dialoge und Gespräche mit anderen Spielern, Improvisieren und das Schließen von Freundschaften fördern Persönlichkeitsentwicklung auf großartige Weise. Teilnehmer trainieren dabei Fähigkeiten vom Teamplay bis zur Konfliktlösungsfähigkeit.

Förderung handwerklichen Potenzials

Wem es an Geld mangelt, ist oft „gezwungen" zu improvisieren und eigenhändig Sachen zu bauen und zu basteln. Manch einer entdeckte dabei Interessen wie Lederbearbeitung, Schneiderei, Sticken, Musizieren oder andere „historische" Handwerkskünste für sich.

Entwicklung geschichtlichen Interesses

Vor allem in Fantasysettings finden sich wiederkehrend historische Elemente. Bisweilen verfließen die Grenzen. Wer kann da noch sagen, wo das eine beginnt und das andere endet? Dadurch kommen regelmäßig Spieler zum Reenactment!

Kreativität ausleben und den Alltag vergessen

Jeder hat Ideen, die er gern umsetzen möchte. Im

LARP ist das leichter als in anderen Hobbys. Für kurze Zeit darf der Spieler eine alternative Welt betreten!

> **_Frage:_**
> _Hast du je eine Geschichte gelesen und bist darin derart eingetaucht, dass du alles um dich herum vergessen hast?_

Gute Geschichten lassen den Alltag für eine geraume Zeit völlig vergessen. Im Kopf bietet sich eine abenteuerliche Welt aus Gefahren und Herausforderungen, die oftmals mit Erfolg gemeistert werden können.

Im LARP leidet und freut man sich nicht mit der Hauptfigur, sondern steckt selbst mittendrin. Für kurze Zeit darf der Spieler seinen Alltag und die Anforderungen des modernen Lebens ablegen.

Es liegt an dir, wie weit du dich in dieses Thema einlassen willst! Lass dich von keinem zu etwas zwingen, das du nicht möchtest!

> **_Tipp:_**
> _Mach dir dein eigenes Bild von dieser großartigen Szene! Geh zu Events, sprich mit Spielern, sieh dir die leuchtenden Augen an!_

Erste Überlegungen

Anfänger, Einsteiger und Neulinge haben oftmals eine verklärte, überzogene oder unwissende Vorstellung vom LARPen. Im Grunde ist das kein Drama. In den Anfangstagen des LARPen gab es kaum Informationen. Heutzutage unterstützen Internet und damit verbundene Kommunikationsmöglichkeiten den Einstieg.

Sinnvolle Informationen

Du kannst Unmengen an Büchern wälzen oder das Internet auf den Kopf stellen. Zweckmäßig ist das nicht! Als Einsteiger brauchst du dich nicht in x-beliebig viele Regelwerke zu stürzen! Sogar langjährige Spieler kennen nicht alles!

Fang am Anfang an!

Gibt es eine Themenwelt, die dich begeistert und fasziniert? Zieh deine Lieblingsfilme und -bücher heran. In welcher Welt spielen sie? Meist ist es das gleiche Genre, in dem sich filmische und literarische Interessen bewegen.

Angenommen, du bevorzugst Fantasy, kannst aber mit Horror nichts anfangen. Scifi langweilt dich und historische Erzählungen magst du nur, wenn ein Touch Fantastik eingefangen ist. Dann sind Fantasy-LARPs für dich ideal.

Findest du Scifi-Stories faszinierend, vor allem wenn sie Horrorelemente beinhalten? Fantasy stößt bei dir auf Langeweile. Dafür kannst dich mit geschichtlichen Themen anfreunden? Dann könnten dir Steampunk-LARPs liegen.

> **Tipp:**
> *Sieh dir die Themen an, die dich interessieren.*
> *Geh nach deinen persönlichen Interessen!*

Bist du dir unsicher, dann frag Personen aus der Szene. Rede mit Verkäufern und Kunden eines LARP-Fachgeschäftes. Hör dir ihre Empfehlungen an.

Tipps können unterschiedlich ausfallen. Fühlst du dich mit einem Genre unwohl, dann überlege, ob dir ein anderes mehr liegt!

Als Anfänger brauchst du keinen komplexen, großartig ausgebauten Charakter. Für dein erstes LARP bietet sich ein allgemeiner Archetypus an. Dadurch fühlst du dich von all den Eindrücken nicht überfordert! Je ausgefeilter dein erster Charakter ist, umso schwerer ist ein Einstieg.

Du benötigst ebenso keinen perfekten Hintergrund oder einen ellenlangen Roman, warum du am Spielort bist. LARPer sind kommunikative Wesen. Meistens schaffen Spieler Gründe aus dem Nichts, nur um Neulinge (und andere) in ihre eigene Gruppe zu integrieren. Du brauchst dich nur darauf einzulassen.

Gründe könnten sein:

- Verwandtschaftliche Verhältnisse
  dein Charakter ist der Cousin, der Schwester, der
  Mutter, des Vaters eines anderen Charakters
- Schutzsuchende junge Frau auf der Flucht
- Heiler, der sein Wissen anbietet
- Sölder auf der Suche nach einem Auftrag

Fühlst du dich soweit, einen eigenen Charakter darzustellen?
Traust du dich noch nicht drüber, dann kannst du dir ein LARP
„unverbindlich" ansehen. Spielleiter und Veranstalter können
nahezu immer zusätzliche NSC (Nichtspieler-Charaktere)
brauchen. Fleißige Hände im Hintergrund erleichtern ihnen
das Organisatorische. Oft gehen beide Aspekte Hand in Hand.

Auswahl des Events

Welches Event ergibt für dich Sinn? Manche Veranstaltungen
sind für Anfänger ungeeignet, einige sind definitiv auf
Einsteiger konzipiert.
Die meisten LARP sind für alle Erfahrungsstufen geeignet! Es
kommt vorrangig auf dich und deine Interessen an. Grenze sie
ein, das hilft dir bei der Entscheidung!

Entfernung
LARP findest du verstreut in Europa. Überlege dir, wie
weit du für eine Veranstaltung zu fahren willens bist.

Zeit
Wie viel Zeit kannst du erübrigen? Hast du Familie,

Kinder, Freunde oder einen Job, der dir kaum Freiraum lässt? Bisweilen scheitert eine Teilnahme an einem simplen Dienstplan.

Kosten

Über welches Budget verfügst du? Die Teilnahmegebühr ist nur ein Teil. Du benötigst Geld für An- und Abreise, die Ausstattung deines Charakters und mehr!

Diese Basispunkte helfen dir, dich für dein erstes LARP zu entscheiden! Interesse ist eine Sache, Leistbarkeit (zeitlich und finanziell) eine andere!

Tavernenabende

Diese sind für Anfänger und Fortgeschrittene geeignet. Sie verfügen kaum über Plots, bieten aber ausgezeichnete Optionen, um dich und deine Rolle unverbindlich auszutesten. Hier merkst du leicht, ob du den für dich passenden Charakter gewählt hast. Zusätzlich kannst du hier erste reale Kontakte knüpfen und echte „LARP" Luft atmen. Im Gegensatz zu anderen Events finden sie des Öfteren abends unter der Woche statt. Ideal für Personen, die an Wochenenden Dienst oder familiär eingeschränkt sind.

„Anfänger-LARPs"

Dabei handelt es um günstigere „Kennenlern-Events". Die Spielleitung konzipiert simple Plots und erklärt zu Beginn die Regeln detailliert. In den Veranstaltungskalendern sind diese meist explizit ausgeschildert.

LARPs nach Aktivitäten

- Abenteuer, Action, Schlachten, ...
- Ambiente, Bälle, Hofhaltung, ...
- Feiern, ...
- Rätsel, Krimis, Mystery, ...

Abgesehen davon gibt es noch verschiedene andere „Einteilungsmöglichkeiten". Beispielsweise, wo sie spielen (Taverne, Stadt, Zeltlager, ...) Oder ob es „Spezialitäten" gibt (für Anfänger, Einladungsspiele, Großcons, ...)

> **_Achtung:_**
> _Lies dir die Informationen zum angegebenen Event gut durch. Wenn du etwas nicht verstehst, dann frag nach!_
> _Spielleiter sind daran interessiert, das passende Publikum anzusprechen!_

LARPs nach Out-Time – Spielorten

- abgelegene Wälder, ...
- Burgen, Ruinen, ...
- Zeltplätze, Jugendherbergen, ...
- Gästezimmer in Lokalen, ...

Die Location wird im Regelfall in der Ausschreibung angegeben. Findet sich keine Adresse, ist es entweder ein Einladungsspiel oder die Spielleitung gibt erst bei erfolgter Anmeldung die genaue Adresse an die künftigen Spieler und NSC aus.

Preise eines LARP

Die Bandbreite ist enorm. Spiele in Hinterzimmern von Lokalen verlangen meist ein bestelltes Essen und ein Getränk zur Finanzierung der Location. Diese LARP sind für gewöhnlich Tavernenabende, oft abends unter der Woche. Am anderen Ende der preislichen Skala gibt es Veranstaltungen mit Kosten von mehreren hundert Euro. Dabei handelt es sich oft um mehrtägige Events, in denen Verpflegung, Trinken und Schlafstelle inkludiert sind.

Eine allgemeine Auskunft kann deswegen nur schwer gegeben werden. Üblicherweise ist die Spielleitung darum bemüht, die eigenen Unkosten (Miete, Location, Unterkunft, Essen, ...) auf ein Minimum zu reduzieren und diese Kosten auf die Teilnehmer aufzuteilen.

Dein neues Ich

Bevor du dich an das Kostüm wagst, benötigst du eine Rolle, die du darstellen willst. Diese kannst du über das Genre oder den gewählten (Arche)Typus kreieren. Für Anfänger reichen diese Optionen.

(Arche)Typus

Was hast du als Kind gern gespielt? Gab es eine Rolle, die du gern gewesen wärest?

Prinz, Kriegerin, König, Magier, ...

Den meisten Menschen bleibt etwas davon. Sie finden Gefallen an ähnlich gelagerten Charakteren aus Filmen, Serien oder Büchern. Die Figuren werden erwachsen, ihre Grundstruktur bleibt die Gleiche.

Archetypen finden sich in verschiedensten Genre:

- Kämpfer (Krieger, Ritter, Anwälte, ...)
  Fantasy, Mittelalter, Rokoko, Griechenland, ...
- Künstler (Barde, Sänger, Schausteller, ...)
  Fantasy, Barock, Mittelalter, ...
- Mediziner (Heiler, Chirurg, ...)
  Fantasy, Mittelalter, Gaslicht,...

Es kommt darauf an, wie du die Figur anlegst. Dein gewünschter Archetyp sollte sich in Gewandung und Optik an das von dir gewählte Genre anpassen. Beispielsweise trägt ein Fantasy-Heilmagier andere Kleidung und Ausrüstung als ein Chirurg aus einem Gaslicht-Setting.

Genre

Bist du dir über den (Arche)Typus unsicher, dann wähle erst das Genre und anschließend deine „Hauptfiguren".

- <u>Fantasy</u>
  Elfen, Zauberer, Krieger, ...
- <u>Gaslicht</u>
  Wissenschaftler, Esoteriker, Medium, ...
- <u>Western</u>
  Cowboy, Sheriff, ...

Im Grunde kannst du beide Wege wählen. Es liegt an dir, welcher davon dir mehr liegt. Jeder hat seinen eigenen Zugang zum LARP!

Grundsätzliches

Im LARP ist Kreativität willkommen!

Deiner Erfindungsgabe sind kaum Grenzen vorgegeben. Von „alltäglichen" Charakteren bis zu übertriebenen ist eine Menge denkbar!

Phase 1 – erste Idee

Hier darfst du ALLES sein, was dir in den Sinn kommt. Hättest du die Option alles zu sein, was würdest du dann sein wollen? Theoretisch könntest du selbst göttliche Charaktere wählen!

Phase 2 – Zurechtstutzen

Aus einer ersten Idee entwickelt sich in etwas Spielbares. Dafür benötigst du einige Punkte!

Spielsituationen

Lässt sich deine Figur in verschiedene Spielsituationen einbringen? Hier kommt es auf deine Figurenauswahl an. Manche Charaktere lassen sich leichter in einen Plot einbauen als andere.

Interaktion mit anderen

Kann sie mit anderen Charakteren interagieren und kommunizieren? Die Darstellung einer Magd in einer Taverne bietet andere Möglichkeiten der Interaktion als ein einsamer Eremit, der mitten im Wald seine Hütte stehen hat.

Spielspaß

Glaubst du, dass du daran Freude haben wirst?

Bereicherung

Bereichert deine Figur dich, dein künftiges Umfeld und ihre eigene Entwicklung?

Glaubhafte Darstellung

Kannst du sie körperlich und charakterlich glaubhaft darstellen? Nicht jeder ist ein Spaßvogel oder kann glaubhafte Zaubertricks vollführen. Was kannst du gut? Was kannst du gut in die Rolle integrieren?

Leistbarkeit

Kannst du dir den Aufwand leisten? LARPen ist mit Kosten verbunden. Diese können sehr gering ausfallen oder bis in die Tausende gehen. Hier kommt es auf dich und deine Pläne und Wünsche an! Darunter fallen Kostüme, Ausrüstung, Masken, Teilnahmegebühr und vieles mehr.

Zeitfaktor

Hast du ausreichend Zeit für das Hobby? Bisweilen steckt hoher Zeitaufwand in den Kostümen und den Zubehörartikeln.

Hebe dir schwerere Charaktere für später auf. Mit der Zeit kommen Erfahrungen und neue Charaktere dazu.

Phase 3 – Eckpunkte

Bevor du die Ausgaben tätigst, nimm dir ein Blatt Papier oder eine Tabelle am Computer. Notiere dort die vorherrschenden Eckpunkte deiner Figur. Was fällt als Erstes auf?

> **_Tipp:_**
> *Sieh auf die Straße hinaus. Betrachte die erste Person, die du siehst – sofern du sie nicht kennst. Wie sieht sie aus? Welchen Eindruck*

Diese Datensammlung kannst du gegebenenfalls der Spielleitung in die Hand drücken. Fügst du noch einige persönliche Eckdaten ein! Das rundet den ersten Eindruck ab.

Wie stellst du dir diese Charaktere bildlich vor:

- Roland
  Krieger, Kämpfer, Auenland, arm an Geld, mutig im Herzen, zerlumpte Kleider, geputztes Schwert, verarmter Adel, sucht nach Abenteuern, …
- Sammy
  Burschikose Teenagerin, frustriert und unzufrieden, liest gerne, Korsett und langer Rock, zerzauste Haare, gehobener Familienstatus, medial veranlagt, will ihr Talent in den Griff bekommen, …
- Joseph
  verträumter Bursche, liebt Bücher, im Kloster aufgewachsen, ständig barfuß, kein Interesse an Waffen, schweigt viel, kann exzellent kochen, beherrscht Taschenspielertricks, möchte „seiner" Gottheit dienen, …

Es sind ein paar wenige Punkte und doch spiegeln sie einen ersten Eindruck einer Figur. Ähnlich kannst du deine Rolle erstellen. Achte darauf, dass du Namen, Herkunft,

Werdegang und Motive einfügst. Das ist die Basis deines Charakters.

> **_Frage:_**
> _Was passt zu dir? Was kannst du darstellen?_
> _Was liegt dir gar nicht?_

Wähle eine Rolle, die dir gefällt. Plane nicht, in welche Richtung sie sich entwickeln soll. Meist lassen sich Pläne nicht umsetzen. Wie im realen Leben wissen die Figuren nicht, wohin das Schicksal sie treibt. Ihre Entscheidungen und verschiedenste Situationen formen sie. Da passiert es durchaus, dass ein „Burgfräulein" zur Räuberbandenhauptfrau wird, ein Priester sich zum gesetzlosen Dieb wandelt oder ein Krieger als Märchenonkel endet.

<u>Denk an das Jetzt, nicht an das Später!</u>

Phase 4 – Charakterkonzept

Als Nächstes benötigst du ein Charakterkonzept. Die meisten wünschen sich einen besonderen Charakter, um damit aus der Masse hervorzustechen. Dabei vergessen sie gerne, das hohe Entwicklungspotenzial „durchschnittlicher" Rollen.

Grundlegend hat jede Figur Potenzial. Die Frage ist eher – Wie viel? Bauernkinder können aufsteigen, „versteckte" Kinder von Adeligen sein. Könige mögen fallen und als Bettler enden, bevor sie ihren ursprünglichen Status erneut erringen. Doch was kann ein Ritter noch erlangen, der jede einzelne Prüfung bestanden hat?

Erschaffe eine kurze Hintergrundgeschichte deines Charakters. Du brauchst keinen Roman zu verfassen. Simple Stichworte reichen vorerst aus.

Eckpunkte essenziell:

- Familie
- Umfeld

Eckpunkte (variabel):

- Rasse, Beruf, Herkunft, Ziele, Motivation für Reisen / Abenteuer, Religion, Vorgeschichte
- Woher kommt er und wohin will er?

Mit diesem Blatt verfügst du über das erste Konzept deines neuen Ich.

> **Frage:**
> *Denkst du, dass du den Charakter auch längere Zeit darstellen kannst?*

Ausbau des Charakters

Ethnie

Je nach Genre besteht die Option verschiedener Ethnien. Darunter fallen beispielsweise Elfen, Zwerge, Goblin, Fabelwesen jeglicher Art, Vulkanier oder Vampire und vieles mehr.

Menschliche Charaktere findest du auf LARP am Meisten und sind für Anfänger gut geeignet. Es beansprucht geringere Anforderung an Kleidung und Ausrüstung als für andere Ethnien.

Je „exotischer" deine Wahl ausfällt, umso mehr Aufwand und Kosten solltest du für die Charaktererstellung einrechnen. Ein „einfacherer" Mittelweg sind vampirische Charaktere. Sie sehen meist menschlich aus, unterliegen im Regelfall Einschränkungen wie Sonnenlicht meiden oder Blut trinken zu müssen.

Beruf

Deine Rolle muss, genau wie du, ihren Lebensunterhalt bestreiten. Dafür braucht es einen Gelderwerb.

Denk dir etwas über ihren Beruf aus. Übt sie ihn aus Leidenschaft aus oder macht sie ihn, weil es „Familientradition" ist? Ist sie auf der Suche nach einem Arbeitgeber oder reist sie selbstständig durch die Lande?

Beherrschst du Out-Time etwas, das du In-Time nutzen kannst?

Out-Time -Kenntnisse -> mögliche Berufswahl

- Bauchtanz – Bauchtänzerin / Künstlerin
- Sanitäter Kenntnisse – Heiler
- Lederbearbeitung – Handwerker
- Kochen – Koch / Köchin / Küchenmagd

Private Interessen kannst du getrost In-Time zum Beruf umfunktionieren. Das klappt bei vielen Themen – allerdings nicht bei allen!

Das sollte dir helfen, deine Rolle besser spielen zu können.

Interessensgebiet	mögliche Berufswahl
Kampf	Armbrustschütze, Bogenschütze, Kampfmagier, Katapultschütze, Krieger, Nachtwächter, Soldat, Söldner, ...
Heilung	Apotheker, Bader, Chirurg, Heilmagier, Kräuterkundiger, Medikus, Wundarzt, ...
Handwerk	Armbrustbauer, Bäcker, Bauer, Besenbinder, Buchbinder, Goldschmied, Köhler, Kürschner, Müller, Schmied, Schneider, Schuster, Töpfer, ...
Wissen	Alchemist, Apotheker, Bibliothekar, Heilmagier, Historiker, Jurist, Kampfmagier, Kleriker, Kräuterkundiger, Magier, Medikus, Nekromant, Priester, Schreiber, ...
Dienstleistung	Bader, Barbier, Geschichtenerzähler, Musikant, Prostituierte, Totengräber, ...
Kunst	Barde, Dichter, Gaukler, Puppenspieler, Schausteller, Tänzer, ...
Angestellte	Diener, Gärtner, Hausmagd, Schankpersonal, ...
„Außerhalb" der	Dieb, Geldwechsler, Kopfgeldjäger,

Gesellschaft	Hexe(r), Nekromant, Pirat, Schäfer, Schausteller, ...
Sonstiges	Adel, Abenteurer, Amazone, Streuner, Trapper, Waldläufer, ...

Deine Berufswahl ist (mit)entscheidend für die gesellschaftliche Stellung deiner Rolle. Ein alter Abzählreim vermittelt eindrucksvoll, in welcher Reihenfolge einst die Berufe standen!

Kaiser, König, Edelmann, Bürger, Bauer, Bettelmann, Schneider, Schuster, Leineweber, Bäcker, Kaufmann, Totengräber

Je nach Gesellschaft sind Charaktere „außerhalb der Gesellschaft" mit einem unrühmlichen Touch versehen. Es kommt hier auf das LARP an, wie ausgeprägt diese Stellung Berücksichtigung findet.

Namenswahl

Namen unterstützen deine Rolle. Sie verleihen Ausdruck, sind mehr als „Schall und Rauch". Viele Namen sagen in Kurzvarianten eine Menge über die Figur und ihre Vergangenheit aus!

> **_Frage:_**
> *Besser kürzer als Länger. Knifflige Namen sind nur schwer zu merken.*
>
> *Namen wie Llewellyn,*

> *Rhoshandiatellyneshiaunneveshenk,*
> *Koyaanisquatsiuth oder*
> *Esenosarumensemwonken gibt es zwar real,*
> *aber denkst du, dass du sie dir merken kannst?*

Charaktergeschichte

Nachdem du die Basis erschaffen hast, benötigt deine Rolle
einen passenden Hintergrund. Gib ihr ausreichend
Entwicklungszeit. Lass sie In-Time die Abenteuer erleben.
Dadurch entwickelt sie sich im Lauf der Zeit von selber.

Anfänglich benötigst du einen Background, der erklärt, wieso
dein Charakter sich verhält, wie er / sie dies tut. Jedes Event
wird ein Teil „deiner Biographie"!

Persönliches, Taten und Ereignisse

Eine erste Idee wirst du längst haben. Um sie auszubauen,
kannst du mehrere Wege wählen. Hauptsache, du findest
einen für dich passenden Zugang!

> **Tipp:**
> *Rede mit ihr. Stell dir vor, sie sitzt dir*

> *gegenüber. Frag sie! Was hat sie alles erlebt? Wenn es sich passend anfühlt, dann führt dies zu interessanten Dialoge, die du in die Charaktergenerierung einfließen lassen kannst.*

Denk dran, deine Ideen auf dem Blatt Papier zu notieren. Damit kannst du jederzeit, auch noch in vielen Jahren, den Ursprung deines Charakters erkennen. Es ist eine schöne Erinnerung!

Hintergrund

Was formte deinen Charakter? Wo hat sie ihre Kindheit und Jugend verbracht? Wie war das Umfeld?

Fragen zur „Schöpfung":

- Wie hat der Hintergrund den Charakter geprägt?
- Welche Grundlagen hat er dadurch mitbekommen?
- Wie hat sich daraus die aktuelle Persönlichkeit entwickelt?

Knackpunkt

Bis heute gehen viele einen „vorgesehenen" Weg. Sie wählen eine Ausbildung, bleiben über lange Jahre im gleichen Beruf, bekommen Familie und sterben eines Tages. In früheren Jahrhunderten übernahm oft der Sohn den Betrieb oder den Bauernhof der Familie. Alles hatte seinen Platz in der Gesellschaft.

Ähnlich gestaltet sich die Welt für deinen Charakter. Wieso verändert sich die Welt für ihn / sie?

Veränderungen (Beispiele):

- Bauernsohn wird Söldner
- Adelstochter geht ins Kloster
- Findelkind wird Mönch

In Romanen und Filmen sind es verschiedene Ereignisse, die eine Figur aus der Bahn werfen. Das können Schicksalsschläge ebenso sein, wie eine göttliche Weisung. Der Verlust eines geliebten Menschen oder sogar ein großer Glücksfall ermöglichen eine gravierende Veränderung.

War dein Charakter bisher mit seinem Leben zufrieden oder ging die Veränderung von ihm aus?

Ziele, Träume, Wünsche und Hoffnungen

Eine beliebte Triebfeder ist der Wunsch nach Macht und Reichtum. Bisweilen folgen die Charaktere bestimmten Träumen oder einer Eingebung.

Reisende können Händler sein oder zum fahrenden Volk gehören.

Zu Wünschen zählen im Regelfall verschiedene Ziele. Um etwas zu erreichen braucht dein Charakter diese.

- **Kurzfristige Ziele:**
  Ein konkretes Objekt oder Artefakt, eine essenzielle Information, ...

- **Langfristige Ziele:**
  Meisterritter, König, das allumfassende Wissen, ...

Diese Ziele ergeben großartige Meilensteine in deiner
Hintergrundgeschichte.

Dein erstes LARP

Je nach Eventgröße haben Spielleiter bis zu Hunderte Charakterinformationen. Viele davon sind ähnlich. Halte daher die Hintergrundgeschichte kurz und knackig. Stelle deine Charaktergeschichte kurz und simpel zusammen. Oft reicht eine Tabelle mit kompakten Grundinformationen aus.

Widerspricht dies nicht dem Ausbau der Rolle?

Nein! Tut es nicht! Spielleiter brauchen einige essenzielle Punkte.

Die Rolle

- Passt der Charakter auf die Veranstaltung?
- Warum ist er In-Time auf dem Event?
- Wie kann die Figur in den Plot integriert werden?
- Was sind seine Stärken und Schwächen?

Der Spieler

- Wie alt bist du?
- Bist du Anfänger oder erfahren?
- Willst du angespielt werden oder aktiv auf andere zugehen?
- Möchtest du Spieler oder NSC sein?

Bist du dir nicht unsicher, welche Informationen die Spielleitung möchte, dann frag nach!

Mit diesen Informationen kann die Spielleitung Interaktionen zwischen den Charakteren in geplante Plots einfügen. Neben einem Hauptplot gibt es meist verschiedene Nebenplots. Regulär reichen dafür kurze, kompakte Infos über dich und deine Rolle aus.

Kompakt nach KISS-Prinzip (Keep it simple, stupide)

Oder noch einmal kurz zusammengefasst:

- Gestalte eine Charaktergeschichte
  Beleuchte die Motivation deines Charakters und nutze dafür Ereignisse zur Darstellung.
- „Kurz und bündig" oder „lang und lahm"
  Je knackiger und prägnanter, umso besser. Deine Rolle wächst durch das Erleben und Interagieren, nicht durch eine erfunden Vorgeschichte!
- keine zu spektakuläre Vergangenheit
  Lass deiner Figur ausreichend Möglichkeiten zur Entwicklung.
- Stärken und Schwächen
  Rollen ohne Schwächen sind langweilig. Gib ihr Ecken und Kanten! Das macht sie sympathischer!

Finger weg!

Gemeint sind jene Charaktere, die auf LARP nur bedingt willkommen sind. Du brauchst für derartige Rollen entweder ein dickes Fell oder bekommst automatisch keinen Platz. Solche Figuren sind für erfahrene Spieler oder für NSC vorgesehen.

Zu den unbeliebtesten Charakteren gehören Powergaming-Rollen.

Vereinzelt setzen Spieler alles dran, um ihre Rolle allmächtig zu gestalten. Sie haben alles erlebt, jedes Artefakt errungen und beherrschen jede Fähigkeit.
Dazu gehören unter anderem Tricksereien. Spielbar sind solche Figuren kaum mehr. Die Möglichkeiten zur Interaktion verringern sich damit drastisch. Für Anfänger sind sie daher nicht empfehlenswert!

Spielbar	Für erfahrene Spieler
Vampire frisch gebissen oder noch relativ jung	uralter Vampir aus einem tausendjährigen Schlaf erwacht
Ritter Kampferfahren aber mit Schwächen	Ritter unschlagbare Rüstung mit mächtigen Artefakten für den Schutz
Hexe oder Magier Kräuterwissen, Heilkunde, ein Zauber kann auch schief gehen	Hexe oder Magier kann mit seiner Magie sogar mächtige Dämonen in die Knie zwingen

Spielleiter können dein Charakterkonzept ablehnen. Meist informieren sie dich über den Grund. Tun sie dies nicht, dann scheue dich nicht davor nachzufragen!

Vielleicht passt dein Charakterkonzept nicht in die vorgesehene Welt. Manche Spielleiter haben auch Vorurteile gegen weibliche Ritter oder vermuten Charaktere wie Wikinger oder bestimmte Kriegertypen könnten allgemein zu Unfrieden und negativem Verhalten aufrufen.

Auf immer und ewig?

Nein – definitiv nein.

Nach deinem ersten LARP merkst du, ob die gewählte Rolle zu dir passt und du sie spielen kannst. Liegt sie dir? Manchmal weißt du es erst nach einigen Events. Du kannst dich jederzeit von dieser Figur verabschieden und einen neuen Charakter kreieren.

Erst mit der Zeit und den Spielen kristallisiert sich heraus, was dir liegt.

Gewandung und Ausrüstung

Sobald dein Konzept steht, ist es Zeit, dich um das Naheliegende zu kümmern.
Was trägt dein Charakter? Wähle anfangs etwas Kostengünstiges und Simples aus! Vor allem in Fantasy-LARP geht dies leicht!

- Schuhwerk
  Sandalen, hohe Stiefel, barfuß, ...
- Kleidung
  Tunika, Wams, Leinenkleid, ...
- Kopfbedeckung
  Hut mit langer Feder, Haube, keine Kopfbedeckung, ...

Hier kommt es auf die ausgesuchte Rolle an. Ausrangierte Sachen lassen sich „upcyceln" und umändern. Was findest du im Kleiderkasten? Besuche Second-Hand-Läden und Flohmärkte. Je besser du nähen kannst, umso mehr Kreativität lässt sich einbringen. Schnittmuster und passende Stoffe bieten sich ebenso an. Liegt dir das nicht, dann kauf fertige Kleidung!

Egal was du wählst, verzichte auf Dinge, die dem gewählten Genre und / oder Charakter gänzlich wiedersprechen.

> **Frage:**
> *Warum haben Waldläufer meist keine Umhänge, obwohl sie im P&P beliebte Rollen sind?*
> *Probier es aus, nimm dir einen Umhang und lauf im Wald ein Stück. Wie oft bleibst du damit an Ästen hängen?*

Vieles ist machbar – leider nicht alles! Manches nimmt dir den Spielspaß, anderes ist finanziell nicht leistbar oder passt nicht zu deiner Rolle! Sei realistisch! Das erspart dir sinnlose Ausgaben und Frust! Schneide die Ausrüstung auf die Rolle zu – nicht umgekehrt!

Kleidung / Gewandung

LARPer geben sich oft erstaunlich viel Mühe mit ihrer Optik. Kleidung und Ausrüstung sollten stimmig und in sich harmonisch sein. Du hast nur eine Chance auf einen ersten Eindruck. Du vermittelst damit etwas, lange, bevor du den Mund aufmachst.

Was soll deine Figur tragen? Hast du schon eine Idee? Ihr Erscheinungsbild sollte sich vom Einerlei abheben. Gleichzeitig ist es notwendig, dass sich deine Figur optisch einfügt.

> **_Tipp:_**
> _Passe die Optik deines Charakters an das
> Genre an. Eine Schildmaid passt optisch
> genauso wenig in ein Gaslicht-Szenario wie ein
> Professor mit Fliege in ein Barockspiel.
> Samurai wiederum können in historische wie
> in Fantasy-Szenarien eingebaut werden – hier
> kommt es auf die Hintergrundgeschichte an._

Non-Fantasy

- <u>Historische Kleidung</u>
  Gaslicht / Western / Barock / Rokoko
- <u>Scifi</u>
  dem Thema entsprechend (Endzeit, Star Wars, Star
  Trek, ...)

Fantasy / mittelalterlich

Lendenschurz, Toga, Waldläuferkleidung, ...

Das alles kann „Do it yourself" sein. Verfügst du über
entsprechendes Talent und/oder Wissen, dann fehlen nur
noch Schnittmuster, Nähanleitungen und das Material.

Je nach Rolle und Komplexität der gewählten Kleidung planst
du besser ausreichend Zeit ein. Du wirst sie benötigen! Das
beginnt beim Maß nehmen, Prototypen entwerfen und endet
beim fertigen Modell.

„Liebe zum Detail" und der dazu gehörige „Lernprozess"
kosten anfangs viel Zeit. Brauchst du Hilfe, dann frag in der
Szene nach! Viele LARPer sind Autodidakten, die sich das
meiste selbst beigebracht haben.

Achtung!

Die Kostüme brauchen NICHT perfekt zu sein! Vieles
lässt sich verbergen oder umarbeiten!

Prototyping

Erstelle einen Prototypen aus Papier. Dieser ist leicht
anpassbar. Aus günstigem Stoff kannst du einen ersten
Stoffprototyp anhand des Papiermodells erstellen. Erst, wenn
du damit zufrieden bist, dann nähe das Endstück!

> ***Tipp:***
> *Erfahrung kommt mit der Zeit. Die Kosten*
> *bleiben im überschaubaren Rahmen, wenn du*
> *mit billigen Prototypen anfängst!*

Persönliche Ausrüstung – direkt am Körper

Beschränke dich anfangs auf essenzielle Teile. Meist fallen
darunter Beutel verschiedenster Größen, Accessoires wie
Hutfedern, Handschuhe oder entzückende Jackenknöpfe.

Waffen

Diese Ausstattung hängt von Genre und Rolle ab.

- Ritter
  Schwerter, Zweihänder, ...
- Attentäter
  Dolche, Giftphiolen, ...
- Küchenpersonal
  große Bratpfanne, Küchenmesser, ...

Du kannst einfach alles als „Waffe" heranziehen. Willst du sie als Solche einsetzen, dann achte darauf, dass sie niemanden verletzen kann. Selbst eine Bratpfanne, die du jemanden über den Schädel ziehst, kann schwere Verletzungen verursachen. Diese Dinge haben bestimmten Sicherheitsrichtlinien zu entsprechen! Informiere dich notfalls beim Veranstalter!

In Shops findest du immer wunderschöne, LARP-taugliche Waffen!

Rüstung

Das gilt vor allem für Kampfcharaktere. Komplette Rüstungen sind ausgesprochen kostspielig! Für den Anfang reichen ein Helm, ein robustes Wams und auf Wunsch ein Kettenhemd.

Sonstige Ausrüstung

Das ist abhängig von der Art des LARP und der gewählten Rolle.

- In-Time als Charakter:
  Matten, Kochtöpfe, Ersatzkleidung, Schreibzeug, Pergamentrollen, Tierfelle, Trommeln, ...

[41]

- <u>Out-Time als Spieler:</u>
  Ersatzkleidung, Hygieneartikel, Medikamente,
  Nahrungsmittel, ...

Eine simple Checkliste findest du am Ende des Buches!

<u>Geh es ruhig an!</u>

Anfänger haben häufig „Narrenfreiheit".
Jeder LARPer kann sich an die eigene Anfangszeit erinnern.
Meist war das Geld knapp und die Sachen teuer. Vieles gab es
nicht zu kaufen. Manches musste selbst gebastelt werden. Es
ist in Ordnung, wenn dein Charakter noch nicht perfekt
ausgestattet ist.

Vieles kannst du selber machen. Das beinhaltet die Kleidung
ebenso wie Lederbeutel und vieles mehr. Es kommt auf dich,
deine Zeit und dein Interesse am selbstständig erarbeiten an.
Alternativ kannst du dir alles kaufen. Die Qualität in den
Shops ist teilweise beachtlich!

<u>Ein Ende der Ausgaben gibt es nur, wenn du es für dich
festlegst!</u>

Darstellung der Rolle

Die teuerste Ausrüstung und die vollkommenste Kleidung helfen dir kein bisschen, wenn du Nichts gebacken bekommst. Geld ist nicht alles! Am besten bleiben jene in Erinnerung, die gut gespielt haben und aufmerksam und hilfsbereit waren. Dabei geht es absolut nicht darum, perfekt Theater zu spielen. Schauspielerei hast du im Blut oder kannst es erlernen. Im LARP spielst du, was du in Szene setzen kannst. Du brauchst weder einen Schauspielkurs noch Theatererfahrung.

Glaubhafte Darstellung

Glaubhaft spielen bedeutet nicht, zwangsweise ein perfekter Schauspieler zu sein. Es heißt, gib dein Bestes! Mit den Spielen sammelst du Erfahrungen und kannst später Charaktere darstellen, die deinem realen Ich nicht ähneln.

Die besten Schauspieler haben bescheiden begonnen, trainierten und übten, bis sie ihren Status erlangten. Viele von ihnen mussten ihren Platz hart erarbeiten.

Fertigkeiten

Was beherrscht dein Charakter. Wo schwächelt er? Keine Figur ist 100 % perfekt. Wären sie es, würde kaum einer mit dir spielen. Absolute Perfektion ist langweilig! Es sind die Ecken und Kanten, die deine Rolle lebensnah erscheinen lassen.

*Die halbwüchsige Pereira tauscht mit ihrem
Zwillingsbruder die Rollen. Sie tritt die Ausbildung zum
Ritter an. Im Lauf der Zeit lernt sie von einem Dieb
Kampfsportkenntnisse. Parallel erlernt sie den
Umgang mit Waffen und vieles mehr.
Gleichzeitig ist sie magisch begabt, verbirgt jedoch
diese Fähigkeit. Gleiches gilt für ihre weiblichen,
körperlichen Attribute!*

Welche Fähigkeiten bräuchte eine derartige Figur?

Dieses Gedankenspiel kannst du mit jeder Rolle anstellen.
Pereira bräuchte beispielsweise einen Dickkopf, Sturheit und
den Willen ihr Ziel zu erreichen. Sie sollte ehrgeizig sein und
sich von Schmerz nur schwer aus der Bahn werfen lassen.
Möglicherweise betet sie eine Gottheit an und bittet
regelmäßig um Schutz.

Wie steht es um deine Rolle? Welche Fähigkeiten gibst du
ihr? Wähle ein paar Fähigkeiten aus, die sie bis zu diesem
Moment gebracht haben.

Spielregeln

Frage als Anfänger am besten den Veranstalter nach den
gültigen Regeln. Die Menge an Spielsystemen ist längst
unübersichtlich geworden. Die Regeln unterscheiden sich
bisweilen gravierend voneinander.

Ohne Vorerfahrung macht es kaum Sinn ein Vermögen in die
verschiedensten Regelwerke zu investieren. Richte dich nach
den Vorgaben am LARP!

Das LARP

Endlich ist es soweit, du bist auf deinem ersten LARP! Gratuliere! Bist du nervös? Voll Neugier und Vorfreude?

Das Prozedere ist im Regelfall gleich, unabhängig vom Genre!

Vor dem Spiel

Anreise!

Übliche Reihenfolge (kann variieren):

- Einchecken der Spieler
- Zuweisung der Quartiere (sofern benötigt)
- Besprechung der Regeln für Magie (sofern diese eingeplant ist)
- Ausgabe von In-Time-Geld
- Überprüfung der Tauglichkeit der LARP-Waffen
- Erklärung der Spielregeln

Einsteiger sind für erfahrene Spieler leicht zu erkennen. Da kommt es vor, dass sie sich der Neulinge annehmen. Wirst du angesprochen, kann es die Spielleitung oder ein erfahrener Spieler sein, der dir helfen möchte.
Kennst du dich nicht aus oder fühlst dich überfordert, geh auf andere zu und bitte um Hilfe. Keine Scheu! Hier ist die erste Option Kontakte zu knüpfen!

[45]

Unterkunft

Bei mehrtägigen Veranstaltungen ist im Regelfall ein Schlafplatz / eine Unterkunft vorgesehen. Diese können extrem unterschiedlich ausfallen.

Steht in der Ankündigung diesbezüglich nichts, dann frag den Veranstalter. Im Endeffekt solltest du bei deinen Vorbereitungen darauf Rücksicht nehmen. Je nach Veranstalter, Spiel und Ort kann dies von einem Zeltplatz bis zu einem eigenen Hotelzimmer alles Erdenkliche sein.

Zelt

Dafür reicht ein simples Kuppelzelt. Wirkt es modern, dann tarne es. Dafür reichen Tücher, die du über das Zelt werfen kannst. "Unambientige" Igluzelte sind kaum erwünscht, das stört das Spiel! Meist reichen Kleinigkeiten, die Optik passend zu gestalten.

Burg

Zelte wirst du hier nicht brauchen. Meist gibt es Schlafsäle oder Zimmer zum Teilen. Schlafsäcke und Unterlagematten reichen im Regelfall aus.

Jugendherbergen, Hütten und Häuser

Hier geht die „Qualität" der Unterbringung weit auseinander. Vom einfachen Bretterverschlag bis zu frisch ausgeteilter Bettwäsche und -bezügen kann alles dabei sein. Bist du dir unsicher, dann frag oder nimm Unterlagematte und Schlafsacke automatisch mit! Besser du hast diese „Kleinigkeiten" dabei, bevor du dann frierend auf dem Boden liegst.

Rechne mit einer Mischform an Unterkunftsmöglichkeiten. Sinnvoll ist es, zumindest eine Unterlagematte und einen Schlafsack mitzubringen. Hast du ein Zelt, dann pack es ein. Brauchst du es nicht, umso besser! Fehlt es dir, frag ob es „Schlafgemeinschaften" gibt. Oft genug haben Spieler noch einen Platz in ihrem Zelt frei. Spielveranstalter sind hier meist informiert.

Verpflegung

Hier kommt es auf die Art der Veranstaltung an. Tavernenspiele gibt es regulär in Hinterzimmern von Gasthäusern. Dort erfolgt die Verköstigung durch den Wirt. Bei eintägigen Events wird meist Eigenversorgung erwartet. Mehrtägige Veranstaltungen können Verköstigung beinhalten (dann zahlst du einen höheren Mitgliedsbeitrag) oder aus Eigenversorgung bestehen. Steht nichts in der Ausschreibung, dann wende dich an den Organisator!

Bist du für deine Verpflegung eigenständig zuständig, dann kannst du Fertigsachen mitbringen oder während des Events selbst kochen. Das geht genauso In-Time in deiner Rolle – sofern du passendes Equipment nutzt!

Kochen kann jeder! Kochbücher wie *„Rezepte einer Küchenmagd: Rezepte für LARPs und andere Events* von Rhiannon Brunner" oder *„Das LARP-Kochbuch: Ambiente-*

Küche auf Live-Rollenspielen von Petra Hildebrandt und Mela Eckenfels" sind dafür konzipiert und geschrieben!

Während des Spiels

Verhalten

Es liegt an dir und deiner Persönlichkeit, wie weit du dich auf das Geschehen einlassen willst. Wo der eine ständig „Kommunikation" braucht, halten sich andere eher zurück und bevorzugen es zu beobachten!
Bemühe dich darum, deine Rolle bestmöglich zu spielen. Verzichte auf typisch „modernes" Gehabe. Das gilt auch für die Ausdrucksweise. Passe dich den anderen, erfahreneren Spielern an. Hör ihnen zu!

> **_Tipp:_**
> *Imitieren bringt gar nichts! Hör anderen zu und passe dich an, aber bleib dir und deiner Art treu!*

Sprich mit Spielern. Selbst „stumme" Charaktere können kommunizieren. Nicht jeder beherrscht „Small Talk". Das musst du auch nicht! Was kannst du gut? Reden allein ist nicht alles!

In-Time wie Out-Time wird Hilfsbereitschaft und Engagement geschätzt!

[48]

Verzichte auf Alkohol, Drogen und exzessive Gewaltszenen.

Im Spiel bleiben

Bei manchen Situationen fällt es einem schwer, In-Time zu bleiben. Vermeide nach Möglichkeit Out-Time zu gehen! Stimmung und Ambiente haben viel mit „In-Time" bleiben zu tun. Geht es wirklich nicht anders, dann halte die „Out-Time" Phase möglichst kurz!

Muss ich alles tun, auch wenn ich nicht möchte?

Nein!
Keiner darf dich zu etwas zwingen, das du nicht willst. Stehst du vor einer Situation, die dich überfordert oder sollst du etwas tun, das dir unangenehm wird, dann sag das Out-Time! Menschen sind verschieden, haben unterschiedliche Grenzen, Allergien oder Ängste. LARP soll Spaß machen, nicht verstören!

Kann ich etwas falsch machen?

Patzer oder Fettnäpfchen gibt es immer wieder. Das gehört fast schon zum Spiel dazu. Solange du dich nicht ärgerst oder wütend wirst, ist es nicht schlimm! Natürlich kann es peinlich sein. Doch du bist nicht der Erste, dem das passiert. Hinterher gehören diese Dinge zu den besten Erinnerungen – sie sind unbezahlbar!

Egal was passiert oder was du tust – rechne immer mit Konsequenzen! In-Time-Patzer und In-Time-Fettnäpfchen lösen Reaktionen aus!

[49]

Geschehen sie Out-Time kannst du im Normalfall alles abklären. Jeder kann versehentlich gegen Regeln verstoßen. Manchmal passieren unbeabsichtigte Fehler. Vereinzelt kann es durch die Spieldynamik zu Out-Time Verletzungen kommen. Solange keine Absicht dahintersteckt, lassen sich die Vorkommnisse klären! Sprich mit den Betroffenen und bereinige die Situation!

Fragen?

Formuliere die Fragen In-Time, als würde sie dein Charakter stellen.

Out-Time	In-Time:
Wann können wir essen?	Werte Herren, könnt Ihr sagen, wann die Küche zum Essen rufen wird?
Wo ist das Klo?	Verzeiht, doch wo besteht die Möglichkeit, sich die Nase zu pudern?
Hast du eine Idee, wie diese Box aufgeht?	Beherrscht Ihr die Kunst der Magie? Dieses Artefakt verweigert den Gehorsam und bleibt verschlossen. Wollt Ihr Euch dies einmal genauer ansehen?

Es gibt nur wenige Fragen, die konkret Out-Time gestellt werden sollten. Nahezu alles lässt sich auch In-Time lösen. Zu häufiges Out-Time- Gehen wirkt sich stark negativ auf die Stimmung aus.

Ruhige Phasen -

Wartezeiten

Die wenigsten LARP sind auf „Dauerbespaßung" ausgelegt. Im Regelfall gibt es freies Spiel ohne Plot oder einen Hauptplot zusammen mit einigen Nebenplots. Dazwischen gibt es viel Raum zur Entfaltung der Rollen.

Im LARP ist viel Eigeninitiative gefragt. Es gibt immer Zeiten, in denen nichts oder kaum etwas los ist. Hier lässt sich leicht mit Kontakt knüpfen. Du kannst die Zeit nutzen, Fähigkeiten deines Charakters zu üben! Oder leg dich in die Sonne und döse vor dich hin.

Egal was du tust oder nicht tust, Spieler können dein Verhalten jederzeit für eine Aktion nutzen Im Grund kann alles, was du machst oder lässt Teil deiner Rolle sein.

Sport und Wettkämpfe

Fordere andere Spieler heraus. Ausgezeichnet eignen sich Wettrennen, Armdrücken, Ringen, Kämpfe mit hölzernen Übungsschwertern, um die Wette zaubern, ...

Im Regelfall steigen dir immer ein paar Spieler darauf ein.

Spiele, Musik und Tanz

Neben Wettkämpfen eignen sich Spiele hervorragend zur Kontaktaufnahme. Darunter fallen beispielsweise Brett- und Kartenspiele. Kannst du musizieren, dann spiele zum Tanz auf. Hat jemand ein passendes Musikinstrument dabei, dann frag ob derjenige Tanzmusik spielt.

Jedes davon ist eine Option zur Interaktion mit anderen Spielern!

Talente und Fähigkeiten

Vieles davon kannst du In-Time und Out-Time nutzen.

Kenntnisse zum Thema Essen und Trinken

Essen und Getränke zubereiten (alkoholfreie Cocktails, Suppen, ...). Manche Getränke sind In-Time als „Zaubertränke" nutzbar. Dazu reichen meist Lebensmittelfarben oder Kenntnisse als Barkeeper.

Nähen und Reparieren

Manche können ausgezeichnet mit Nadel und Faden umgehen. Das ist für In-Time-Charaktere ebenso brauchbar wie Out-Time, wenn jemandem etwas kaputt gegangen ist.

Kalligraphie – Schriftstücke anfertigen.

Schönschrift gerät in den letzten Jahren zu wahrer Kunst. Dank moderner Technik, schreiben immer weniger mit der Hand. Das kannst du In-Time für die Rolle eines „Schreibers" ebenso wie Out-Time nutzen.

[52]

Mit Kalligraphie lassen sich Dokumente und andere Schriftstücke LARP-tauglich gestalten.

Davon abgesehen gibt es noch andere Talente und Fähigkeiten, die du In-Time UND Out-Time nutzen kannst. Denk nach, was du beherrschst. Du wirst überrascht sein, was du alles nutzen kannst.

Die Ziele deines Charakters

Was will deine Figur erreichen? Hast du dir eine Aufgabe überlegt, die sie In-Time lösen kann?
Mentor finden, Spaß haben, Artefakte erlangen, Konversation üben, Kontakte knüpfen, ...
In ruhigeren Momenten kannst du dieses Ziel angehen.

Hintergrund

Informationen

Kommen wir nun zum etwas „theoretischeren" Teil des LARP. Vernachlässige ihn nicht! Manche dieser Informationen lassen sich In-Time exzellent für Unterhaltungen nutzen.

Generell ist dieses Kapitel eher als Anstoß gedacht. Interessierst du dich mehr für die jeweilige Thematik, dann bist du mit weiterfolgenden Recherchen gut bedient.

Weitaus sinnvoller ist es, diese Fragen für In-Time aufzuheben und dich bei Spielern in ihren Rollen genauer zu erkundigen.

Larp-Länder

Abhängig vom gewählten Genre gibt es Unmengen an darin existierenden Ländern. Würden wir alle Länder aufzählen, wäre das Buch davon ausreichend gefüllt. Vereinzelte Veranstalter geben die Länder vor. Andere stellen dies frei.

Charakter Sven Van Heymdalry stammt aus dem hohen Norden. Er ist ein raubeiniger Wikingergeselle und hat den Anschluss an seine Leute verloren. Auf der Suche nach ihnen ist er in diesem Fantasy-Land gelandet, das er nicht kennt. Er hat keine Ahnung, wie es heißt und wundert sich nur die

seltsamen Leuten mit Spitzohren und grünen Gesichtern.
Brummelnd steht er da, weiß nicht weiter. Er erinnert sich nur
an den Nebel, den er zuvor durchquert hat.
Er stellt sich der ersten Figur in den Weg, die er sieht – eine
Schankmaid, die mit mehreren Krügen Bier herumhantiert. Sie
sagt ihm, dass er sich in „Ravenloft" befindet.

In Spielsystemen wie „Ravenloft" kann nahezu jeder
Charakter dabei sein. Der Nebel ist wie die Löcher im
Schweizer Käse und für alle durchlässig!
Informiere dich VOR dem Event, welche Möglichkeiten dir zur
Verfügung stehen.

LARP-Religionen

Solltest du einen priesterlichen (oder gläubigen) Charakter
spielen, dann mach dich VORHER über den gewählten
Glauben schlau! Sei In-Time wie Out-Time tolerant. Jemanden
deswegen „angreifen" zu wollen kann ordentlich nach hinten
losgehen. Ein Gutteil der LARP-Religionen ist polytheistisch
und daher reich an Aspekten. In-Time-Religionen dienen in
diesem Zusammenhang dazu, Charakteren Tiefe und
Ausdruck zu verleihen.

In-Time Gottheiten mischen sich in das Leben der Anhänger
ein, geben ihnen Aufgaben oder schenken ihnen wertvolle
Artefakte.

Der griechische Pantheon um Zeus und Hera war ähnlich
aktiv!

Typische Gottheiten

Götter der Elemente:

Jegliches Element hat seine eigenen Gottheiten. Im Regelfall findest du sie quer durch sämtliche In-Time-Religionen. Normalerweise fallen darunter: Feuer, Wasser, Erde, Luft, Magie und Äther

Götter des Krieges:

Im LARP stolperst du leicht über kriegerische Charaktere. Kriegsgötter sind dementsprechend beliebt. Ihnen dienten oft antike Gottheiten wie Mars oder Ares als Vorbild.

Götter des Frohsinn und des Leben:

Sie sind für jeden Spaß und jede Art von Lebensfreude zu haben. Dies betrifft vor allem Genüsse wie Essen, Trinken oder Tanzen. Ernsthafte und tiefsinnigere Charaktere sind eher selten unter ihren Anhängern zu finden.

Götter des Handwerks:

Die meisten von ihnen gehören der Schmiedezunft an.

Götter des Lichts:

Sie stehen meist für das Gute und wollen die Welt vor dem Untergang schützen.

Götter der Finsternis:

Die Lichtgötter brauchen sie als Gegenpol – kein Licht ohne Schatten.

Es liegt an dir, ob dein Charakter gläubig sein soll oder nicht. Wenn ja, die Auswahl ist enorm! In diesem Fall kannst du darauf Bezug nehmen beim Charakterhintergrund.

Helgona hat nahezu alles verloren beim großen Unglück. Sie ist verzweifelt und wütend und schimpft auf die Gottheiten, die das zugelassen haben. Seither hat sie kaum noch Glück. Erst, als ihr eine fahrende Priesterin gesagt hat, sie habe die Götter um Vergebung zu bitten, kennt sie das Problem. Also macht sie sich auf die Reise zum Sitz der Gottheiten um ihnen Opfer darzubringen.

Nicht immer mischen sich Götter ein oder gehören zur Ahnenreihe eines Charakters. Manchmal lassen sie sich viel leichter einbinden, als man denkt!

Kämpfe

In den meisten LARP findest du Kampfcharaktere. Ob es zu Kämpfen kommt, ist ein anderes Thema. Charaktere haben im Regelfall Punkte, die sie in Kämpfen verlieren können. Mit Pech kann dein Charakter natürlich deshalb versterben.

In-Time-Kämpfe können viel Spaß machen. Dazu solltest du aber die Regeln kennen. Frag den Spielveranstalter, wie diese sind – vor allem, wenn du einen Kämpfer mimen willst. Die Regeln und die Art der zugelassenen „Waffen" dienen der Sicherheit. Kein Veranstalter wird zulassen, dass Spieler einander ernsthaft verletzen!

Viele Veranstalter nutzen „Hausregeln" und lehnen sich an offizielle Regeln nur an. Darin finden sich die notwendigen Infos zu Trefferpunkten, Rüstungsschutz, Lebenspunkten und vieles mehr.

> **_Tipp:_**
> _Sei fair und erkenne Treffer an!_
> _Trainiere deine Fitness vor dem LARP,_
> _besonders, wenn du eine Rüstung tragen_
> _möchtest._

In-Time können Kampfmagier ebenso mitmischen wie unbewaffnete Charaktere. Sogar Gottheiten und Halbgötter sind am Schlachtfeld schon gesehen worden!

Sofern dein Charakter stirbt, bedeutet es nicht, dass er endgültig verloren ist. Manche mächtigen Charaktere können Verstorbene wieder zurückholen!

Heilung

Heiler und Kräuterkundige, ebenso wie medizinische Personen, vermögen angeschlagenen Charakteren ihre

Lebenspunkte zurückzugeben. Wie dies geschieht, kann von LARP zu LARP variieren. Oft verteilen sie Heiltränke oder lassen sich für Zaubersprüche „bezahlen". Manche reisen für einen soeben Verstorbenen sogar in die Schattenwelten und holen die Seele zurück!

Magie

Magiekundige Personen haben Vor- und Nachteile. Je nach Ausrichtung ist ihre Magie auf konkretere Aspekte ausgerichtet. Viele konzentrieren sich auf Heilmagie oder Kampfmagie.

Fantasy:

Zauberbälle, Kampfmagie, Funkensprühen, Hexe mit ihren Zaubertränken, ...

Gaslicht:

Bühnenmagier, der das Auge täuscht, Entfesselungskünstler wie Houdini

Ihre Darstellung ist oft eine Herausforderung für sich. Hast du dich für einen magischen Charakter entschieden, bietet sich ein Einkauf in einem Zauberladen an. Harmlose, aber optisch ansprechende Tricks helfen dir, deine Rolle besser zu spielen!

Bedenke, dass du in den meisten Systemen Magiepunkte hast. Magie kostet Punkte! Sofern du nicht von einer Gottheit unendlich viele Punkte bekommst, solltest du sie dir gut einteilen!

Photographieren im LARP

Im Spiel

Fotos sind eine großartige Erinnerung an eine wunderschöne Zeit. Während eines LARP Fotos zu machen ist nicht immer erwünscht. Befolge einige simple Regeln und beachte die Persönlichkeitsrechte des fotografierten – dann funktioniert das meist!

Störe nicht beim Spiel!

Verkleide die Kamera unauffällig. Je nach Genre können das Lederbeutel, Buchrücken oder die Hüllen „alter" Fotoapparate sein. Passe die Dummys dem jeweiligen Umfeld an! In Wild-West und Gaslicht Genre kannst du beispielsweise antike Nachbildungen nehmen und In-Time einen historischen Fotografen darstellen.

Viele freuen sich später über Fotos. Manche wollen nicht fotografiert werden! Macht dich jemand Out-Time darauf aufmerksam, dann respektiere diesen Wunsch!

Motivauswahl

Vor allem Anfänger wollen alles fotografieren. Konzentrier dich auf einzelne Motive, sonst verpasst du großartige Spielmöglichkeiten!

- Einzelportraits
- Gruppenphotos
- Stilleben (Lager, Aufbauten, ...)
- Actionfotos (meist aus dem Kampfgetümmel)

Bildgestaltung

Die besten Fotos entstehen zufällig. Es gibt aus gutem Grund noch qualifizierte Fotografen. Diese kennen Tricks, um Fotos nahezu perfekt zu gestalten. Viele LARPer schießen Fotos zur Erinnerung, professionell sind diese kaum!

Wie kannst du die Bilder besser machen?

Nähe zum Motiv:

Denk an Schlachtszenen oder einen großen Lagerplatz. Gruppen sehen aufsehenerregend aus, aber was willst du auf dem Bild haben?
Wer möchte auf einem Massenbild der Farbtupfer links am Rand sein? LARPer geben sich viel Mühe mit ihren oft detailreichen Kostümen.

Einzelaufnahmen oder Gruppenfoto:

Beide Versionen haben ihren Reiz. Hier kommt es auf den Wunsch an! Bei Gruppenfotos sollten zumindest einige in Richtung Kamera blicken. Bei

Einzelaufnahmen kannst du Charaktere in ihren Rollen einfangen.

Hauptmotiv:

Verzichte auf zu viele Details. Damit verwirrst du den Betrachter nur!

Abseits des Spiels

LARPer neigen zum Posieren und freuen sich, wenn du um Fotos bittest. In vielen Jahren sind uns nur ab und an Spieler untergekommen, die daran kein Interesse hatten!
Biete ihnen die Möglichkeit, auf die Bilder zugreifen zu können. Dies kann eine Mailadresse, eine Downloadmöglichkeit oder etwas anderes sein.

Denk an die Fotos, die du selbst gerne ansiehst. Was ist darauf abgebildet? Sind es Dinge und Stillleben oder Personen, die etwas tun? Magst du Massenschlachtszenen oder lieber Posingbilder?

> ### *Frage:*
> *Denkst du, deine Fotos können den Betrachter begeistern?*

Spätestens nach dem Spiel hast du noch eine Chance dich bei den Veranstaltern positiv in Erinnerung zu setzen. Biete ihnen einige ausgewählte Fotos an, die sie für ihre Homepage verwenden dürfen. Meist sind sie begeistert, weil es als Dankeschön für ihre Mühen verstanden wird!

nachbearbeiten

Digitalkameras und Smartphones laden ein, Unmengen an Fotos zu machen. Daraus folgt eine hohe Anzahl unbrauchbarer Motive!

Viele kannst du gleich entsorgen. Einige sind perfekt, wie sie sind. Ein Gutteil kann durch Nachbearbeiten noch gerettet werden! Ob du dafür Bildbearbeitungsprogramme nimmst oder nur die besseren Parts des Fotos ausschneidest, ist deine Entscheidung.

Bildergröße

In der LARP-Szene ist es üblich, in Foren oder via Downloadmöglichkeit anderen die Fotos zugänglich zu machen. Meistens sind es vorher ausgesuchte Fotos – die Besten der Besten!

Wenn du sie anbietest, achte darauf, die besten Fotos auszusuchen. Verzichte auf verwackelte und unscharfe Motive.

> **_Frage:_**
> _Können deine Fotos die Betrachter begeistern?_
> _Wecken sie schöne Erinnerungen?_

Sieh dir Fotos an. Orientiere dich an ihnen, aber bleib deinem eigenen Stil treu!

Vor allem, sei willens, dich zu verbessern. LARP Fotos sind kreativ. Jedes spricht für sich und für den Fotografen! Einige LARPer sind wahre Künstler mit dem Fotoapparat geworden, indem sie an sich und ihren Motiven arbeiteten!

LARP-Fotografie und Rechtliches

Willst du auf öffentlich einsehbaren Fotos abgebildet sein? Einige Veranstalter fotografieren und stellen Bilder öffentlich zugänglich auf ihre Homepage. Die meisten Spieler freuen sich Jahre danach noch darüber. Es ist eine großartige Erinnerung.

Bist du damit nicht einverstanden, dann sag dem Veranstalter, dass du das nicht willst! Dieses Ersuchen ist zu respektieren! Gleiches gilt auch, wenn du beispielsweise in Social Media Accounts Fotos veröffentlichst. Frag immer VORHER die Abgebildeten um ihr Einverständnis!

Im LARP bekommst du nahezu immer das OK!

Vorsicht!

No-Gos solltest du definitiv beachten. Andere Punkte sind Erfahrungswerte!

Drogen:

Diese haben auf einem LARP absolut nichts zu suchen! Finger weg!

Alkohol

Leichte Biersorten stellen kaum Probleme dar. Harter Alkohol ist mit extremer Vorsicht zu genießen und meistens verboten!
Generell gilt – auf die Menge kommt es an!
Gib NIEMALS jemandem Alkohol GEGEN dessen Willen.

Allergien

Bring deine Allergiemedikamente mit! Informiere die Spielleitung für potenzielle Notfälle! Wissen die Veranstalter davon, können sie bei Bedarf sofort reagieren!

Erste Hilfe Kenntnisse

Verfügst du über medizinische Kenntnisse, gib der Spielleitung Bescheid. Damit kannst du sie unterstützen, falls tatsächlich Hilfe benötigt wird!

Rituale

Vor allem magische Charaktere stellen Rituale dar. Achte dabei darauf, keinen Außenstehenden emotional zu verletzen. Verzichte darauf, reale Religionsaspekte nachzustellen. Diese haben im LARP nichts verloren – es gibt mehr als genug LARP-Religionen.

Willst du beispielsweise einen Exorzisten spielen, dann überleg dir etwas Passendes, aber verzichte auf die real existierenden Vorgaben des Vatikan!

Darstellungen von Folter und Gewalt

Ansprechend gespielte Szenen können Eindruck schinden! Dennoch sind diese eher für Horrorfilme sinnvoll, als für die Darstellung auf einem LARP! Verzichte darauf! Mitspieler können zart besaitet sein oder reale Erfahrungen damit gemacht haben.

Allgemein reichen die „normalen" Verhaltensweisen, die du für Veranstaltungen an den Tag legst. Im Grund sind es simple Regeln für einen „normalen" Umgang miteinander.

- Als Teilnehmer willst du Spaß haben – genau wie die anderen.
- Beleidige niemanden!
- Akzeptiere ein Nein! (Außer derjenige sagt dir Out-Time, das ist in Ordnung!)
- Sei hilfsbereit!

Alles dabei?

Checkliste!

Stell dir eine Liste zusammen, was du mitnehmen willst!

Diese „Musterliste" hat uns nahezu jedes LARP gerettet. Egal wie lange und oft jemand auf LARPs unterwegs ist. Stundenlang heimzufahren und ein „Artefakt" zu holen, nur weil es vergessen wurde, macht echt keinen Spaß!

Diese Liste kannst du bei Bedarf anpassen und erweitern!

Quartier und Unterkunft:

- [ ] Zelt mit Zeltstangen, Heringen und Heringhaken
- [ ] Luftmatratze, Feldbett, Schlafsack, Hängematte
- [ ] Isomatte, Bettzeug, Decke, Kissen
- [ ] Werkzeug (Hammer, Spaten, Seile...)
- [ ] Sitzgelegenheiten

Verpflegung:

- [ ] Lebensmittel und Getränke
- [ ] Kochgerätschaften (Grill, Topf, Kochlöffel,...)
- [ ] Besteck (Messer, Gabel, Löffel, Stäbchen)
- [ ] Feldflasche, Trinkschlauch
- [ ] Feuerzeug, Streichhölzer
- [ ] Geschirr (Teller, Schalen, Becher, ...)
- [ ] Süßes (Schokolade, Kekse, Trockenobst,...)

Bekleidung:

☐ In-Time Gewandung (die gesamte, geplante Garderobe)
Out-Time Kleidung (Schlafzeug, Reisekleidung,
Schlechtwetterklamotten, Wechselkleidern,...

Waffen und Rüstung:

☐ Waffen (Bogen, Schwert, Dolch, ...)
☐ Rüstung (Kettenhemd, Armschutz, ...)
☐ Schutzrüstung (Schild, ...)

Intime - Ausrüstung:

☐ Werkzeuge (Angel samt Zubehör, Tasche, Spielgeld, ...)
☐ Leuchtmaterial (Kerzen, Fackeln, Laterne, ...)
☐ Schreibzeug (Feder, Papier, Kreide, ...)
☐ Medizinisches und Magisches (Beutel, Phiolen,
Verbandszeug, Kräuter, ...)
☐ Kunstblut

Outtime - Ausrüstung:

☐ Charakterblatt
☐ Ausweis, Geldbörse, Bargeld und Papiere
☐ Nähzeug
☐ Medizinisches (Autoapotheke, Insektenspray, ...)
☐ Müllbeutel (Müll wieder mitnehmen)
☐ Handtücher, Klopapier, Taschentücher, Küchenrolle
☐ Notfallkontaktdaten
☐ Waschzeug

Kleine Begriffskunde

- **_Ambiente_**
  Spielatmosphäre
- **_Artefakt_**
  Jedweder magische Gegenstand – nützlich für
  Zaubersprüche und Magie
- **_Ausrüstung_**
  Kleidung, Accessoires, Bewaffnung und Rüstung
  deines Charakters
- **_Ausspielen_**
  Es bedeutet, Szenen auszuspielen, darzustellen oder
  zu simulieren.
- **_Charakter_**
  Fiktive Figur des Spielers
- **_Charakterebene_**
  Empfindungen, Wahrnehmungen und Kenntnisse von
  Charakteren in der Spielwelt.
- **_Charakterhintergrund_**
  Beweggründe, Motive und mehr
  Welchen Background hat dein Charakter?
- **_Charakterwissen_**
  Spieler verfügen Out-Time über Infos, die der
  Charakter nicht hat!
- **_Check-In_**
  Vor dem Spiel erfolgt die Einweisung durch
  Spielleitung und Organisator.
  Darunter fallen beispielsweise Waffencheck,

[69]

Finanzielles oder Unterbringung – einfach alles Organisatorische!

- **_Con – Convention_**
  LARP Veranstaltung
- **_DKWDDK_**
  "Du kannst, was du darstellen kannst"
- **_DKWDK_**
  "Du kannst, was du kannst"
- **_Einladungscon_**
  Mitspielen darf nur, wer eingeladen ist!
- **_EP / Erfahrungspunkte_**
  Je nach Verhalten und Aktivität, sowie Einbringung der Figur am LARP bekommen Spieler am Ende der Veranstaltung Punkte. Anhand dieser Punkte darfst du deine Rolle weiterentwickeln!
- **_Fallen_**
- Auf Zetteln steht oftmals die Art der Falle. Damit lässt sich Verletzungsrisiko vermeiden!
- **_Fäntelalter_**
  LARP mit einer Mischung aus Fantasy und Mittelalter.
- **_Fertigkeiten_**
  Eigenschaften und Kenntnisse eines Charakters?
- **_Fesselungen_**
  Diese dürfen nur angedeutet werden! Sie sind nur dann erlaubt, wenn der Betroffene sie sofort und ohne Hilfe ablegen kann!
- **_Gewandung / Kleidung_**
  In beiden Fällen ist das Gleiche gemeint! Kleide dich

dem Genre, dem Ambiente und deinem Charakter entsprechend!

- *Gifte*
Sie müssen real unschädlich sein! Am besten eignet sich Wasser mit Lebensmittelfarbe.

- *Hand-Out*
schriftliche Spielleiterinfo, häufig bei Anmeldung oder beim Check-In ausgegeben

- *Handlung*
auch Plot genannt

- *Interaktion*
In-Time Kommunikation zwischen Charakteren oder Spielern

- *In-Time*
In der Rolle sein, den Charakter darstellen

- *Kampagne*
- mehrere Cons – aufeinander aufbauend und thematisch zusammen zugehörend
- mehrere LARP-Gruppen als Zusammenschluss zur Simulierung einer übergreifenden Welt

- *Latexwaffen*
„Waffen" aus Voll-Latex oder ein Schaumstoffkern mit einer Latexschicht überzogen

- *Magiepunkte*
werden zur Darstellung magischer Energie benötigt

- *Meucheln*
Hinterhältiges Ermorden eines Charakters – beliebt ist ein angedeuteter Kehlenschnitt mit einem geflüsterten „gemeuchelt!"

- *Mindestalter*
  LARPs sind vor allem für Erwachsene. Veranstalter haften für Minderjährige!
- *Monster*
  meistens stecken NSC in entsprechenden Masken und Kostüme
- *Nichtspieler-Charakter (NSC) oder* **Non-Player Character (NPC)**
  NSC – Nichtspieler Charakter
  Charaktere, deren Hintergrund die Spielleitung vorgibt
- *Orga*
  Organisator
- *OT*
  Out-Time – außerhalb des Spieles
  unterhalten sich Spieler Out-Time ist von einer Out-Time-Blase die Rede
- *Patzer*
  Kritischer Fehler eines Charakters
- *Powergamer*
  unbeliebte Spieler, da sie die Regeln nach ihrem Willen verbiegen, um einen mächtigen Charakter zu erhalten
- *Regenerieren*
  damit lassen sich wichtige Punkte zurückerhalten – fiese Spielleiter lassen einen in der Zwischenzeit beispielsweise Arztromane (vor)lesen

- ***Rituale***
  Gespielte Handlung mittels Magie oder Zaubersprüchen.
- ***Rolle***
  Fiktiver Charakter, von einem Spieler verkörpert.
- ***Sanitäter***
  Diese dürfen keinesfalls mit Heilern verwechselt werden. Der Ruf nach einem Sani ist Out-Time und bedingt einen realen Notfall!
- ***Schaukampf***
  sind meist mit echten Waffen und dürfen nur unter Absprache mit der Spielleitung stattfinden
- ***Schriftrollen***
  auf ihnen finden sich verschiedenste Zaubersprüche und sind häufig Ziel einer Quest (Suche)
- ***Schusswaffen***
  Bögen, Armbrust, ... Vorsicht! Selbst weiche Spitzen können verletzen
- ***SC (Spielercharakter)***
  Der Spieler bestimmt den Background - im Gegensatz zum NSC
- ***Spielerebene***
  Wissen und Handlungen des Spielers unabhängig vom Charakter
- ***Spielerwissen***
  dieses Wissen fehlt der Spielfigur
- ***Spielleitung (meist ident zur Orga)***
  Ist für alles zuständig und koordiniert das LARP! Bei

Fragen jeglicher Art ist die Spielleitung die passende
Ansprechperson – außer es wird anders angegeben!

- *Spielzone*
  Dort wird gespielt – es ist der In-Time Ort.
  Achtung! Manchmal sind auch Schlafplätze Spielzone!
- *STOP*
  Im Notfall kann jeder damit sofort sämtliche
  Handlungen beenden!
- *Taverne*
  Schankstube oder Gastraum, der sich bei den meisten
  Veranstaltungen findet. Zentrale Anlaufstelle und
  Treffpunkt für die Charaktere.
- *Time-In*
  Damit startet die Spielzeit!
- *Time-Out*
  Unterbricht oder beendet die Spielzeit!
- *Waffencheck*
  hier wird entschieden, ob mitgebrache Waffen LARP-
  tauglich sind. Die Spielleitung entscheidet nach
  Sicherheitspunkten und –kriterien über Einsatz oder
  Verbot.
- *Zauberdauer*
  Magiekundiger benötigen gewisse Zeit für die
  Wirkung eines Zauberspruches.
- *Zaubertrank*
  Meist ist es gefärbtes Wasser! Es können Gifte oder
  Heiltränke sein!

Zusammengefasste Tipps:

- Investiere anfangs nicht zu viel. Du kannst jederzeit Outfit und Accessoire erweitern!
- Mach dir dein eigenes Bild von dieser großartigen Szene! Geh zu Events, sprich mit Spielern, sieh dir die leuchtenden Augen an!
- Sieh dir die Themen an, die dich interessieren. Geh nach deinen persönlichen Interessen!
- Sieh auf die Straße hinaus. Betrachte die erste Person, die du siehst – sofern du sie nicht kennst. Wie sieht sie aus? Welchen Eindruck macht sie auf dich? Wie würdest du sie einschätzen? Verfahre ähnlich mit deiner Rolle!
- Rede mit ihr. Stell dir vor, sie sitzt dir gegenüber. Frag sie! Was hat sie alles erlebt? Wenn es sich passend anfühlt, dann führt dies zu interessanten Dialoge, die du in die Charaktergenerierung einfließen lassen kannst.
- Erfahrung kommt mit der Zeit. Die Kosten bleiben im überschaubaren Rahmen, wenn du mit billigen Prototypen anfängst!

Nachwort

Im LARP vermagst du dich ausgesprochen kreativ zu entfalten! Du kannst Soft-Skills trainieren und einfach Spaß haben! Mit anderen Hobbies ist LARPen kaum zu vergleichen.

Dieses Büchlein sollte dir als Starthilfe dienen. Erfahrungen machen musst du selbst! Eines Tages wirst du dich an Wunderschönes erinnern können. Du wirst Freundschaften schließen und nette Leute kennenlernen! Vielleicht findest du eines Tages den Weg zum Reenactment.

Die Zukunft steht dir offen! Was bleibt ist die Erinnerung, tolle Anekdoten und liebgewordene Charaktere, die dir auch Jahre später noch am Herzen hängen.

Unser Tipp für dich:
Genieße die Zeit im LARP! Sie wird dir viel geben!

Literaturverzeichnis:

- *Das Larp-Gewandungsbuch: Tipps und Anleitungen für Live-Rollenspieler*, Robert Albrecht, 160 Seiten, Zauberfeder Verlag, ISBN-10: 3938922605

- *Rezepte einer Küchenmagd: Rezepte für LARPs und andere Events*, Rhiannon Brunner, 180 Seiten, Books on Demand, ISBN-10: 3739210516

- *Das LARP-Kochbuch: Ambiente-Küche auf Live-Rollenspielen*, Petra Hildebrandt und Mela Eckenfels, 212 Seiten, Books on Demand, ISBN-10: 3833449578

- *Heinrich der Werwolf. Eine Geschichte aus der Zeit der Hexenprozesse,* Elmar M. Lorey, 352 Seiten, Anabas Verlag, ISBN-10: 387038297X

- *Kleidung des Mittelalters selbst anfertigen – Gewandungen der Wikinger*, Carola Adler, 76 Seiten, Zauberfeder Verlag, ISBN-10: 3938922443